David **KIZALA DIALLO**

Avoir une conversation réelle avec Dieu

David KIZALA DIALLO

Avoir une conversation réelle avec Dieu

Expérimenter une vie d'intimité avec Dieu

Éditions Croix du Salut

Imprint

Any brand names and product names mentioned in this book are subject to trademark, brand or patent protection and are trademarks or registered trademarks of their respective holders. The use of brand names, product names, common names, trade names, product descriptions etc. even without a particular marking in this work is in no way to be construed to mean that such names may be regarded as unrestricted in respect of trademark and brand protection legislation and could thus be used by anyone.

Cover image: www.ingimage.com

Publisher:
Éditions Croix du Salut
is a trademark of
Dodo Books Indian Ocean Ltd. and OmniScriptum S.R.L publishing group

120 High Road, East Finchley, London, N2 9ED, United Kingdom
Str. Armeneasca 28/1, office 1, Chisinau MD-2012, Republic of Moldova, Europe
Managing Directors: Ieva Konstantinova, Victoria Ursu
info@omniscriptum.com

Printed at: see last page
ISBN: 978-3-330-31661-4

« Et voici, je suis avec vous tous les jours, jusqu'à la fin du monde. »
(Matthieu 28,20)

AVOIR UNE CONVERSATION REELLE AVEC DIEU :

Expérimenter une vie d'intimité avec Dieu

Dieu parle, mais aussi écoute. Mais, le vrai problème est de notre côté.

Je découvre en cela qu'il y a trois catégories de personnes :

Les premières sont les muets-païens, à qui Dieu parle par divers voies, et régulièrement au travers de leur conscience, mais non seulement ils n'écoutent pas la voix qu'ils entendent dans leur cœurs, mais encore, puisqu'ils ne peuvent ou ne veulent comprendre

Dieu, ceux-ci ne lui parlent pas à leur tour. Le discours divin est pour eux un non-événement. Ceux-ci ne parlent pas à Dieu, d'où ils sont « *muets* » dans la conversation avec Dieu.

La seconde catégorie est celle de chrétiens bavards, mendiants, mais sourds. Ceux-ci, bien qu'ils soient chrétiens, ont un élément capital en moins : c'est, qu'ils prient, parlent à Dieu, lui présentent leurs requêtes chaque jour, de fois même le grondent, mais ils ne prennent pas du temps à écouter ce que Dieu a aussi à leur dire. En plus, alors qu'ils prient, souvent ils ne sont même pas sûrs que Dieu les entends. Leur prière ressemble plus à une monotonie qu'à une conversation. Dans le sens relationnel, ils pourraient être qualifiés d'égoïstes de parole, monologue, pire encore, de parloteur. Du coût, ils ne sont pas en conversation avec Dieu, mais des monotonies. Ceux-ci, même quand Dieu répond, ils ne remarquent pas sa réponse, ils ne savent tout simplement pas identifier et remarquer les réponses de Dieu à leurs requêtes. Ils sont donc « *sourds* ».

Il arrive aussi de fois, alors qu'alors que Dieu a entendu leurs requêtes et qu'il a déjà répondu, qu'ils puissent continuer à prier et demander encore et encore, à changer des mots, des phrases, expressions et tournures, voire même les positions, sortes ou jours de prière et jeûne. Ceux-ci sont des « *bavards chrétiens* » pour cette raison car ils parlent trop à Dieu pour ne rien dire, ni l'écouter, ils monopolisent la parole dans la conversation avec Dieu.

Ils sont, enfin, *mendiants* parce que leur prière n'est souvent que pour "quémander" à Dieu : « Donnes-moi ceci, donnes-moi cela, fait ceci, ne permet pas ça pardon, etc. ». Leurs prière ressemble de fois à une accumulation de demandent et Dieu est juste un simple pourvoyeur, un magasin où il faut aller s'approvisionner quand il y a un bien qui manque dans leur stock.

Ceci non plus n'est pas une conversation réelle avec Dieu.

En fait, les catégories un et deux ne répondent pas aux critères de conversation car, pour la première, si Dieu parle, l'homme reste têtu et ne lui répond pas alors que pour la seconde, l'homme seul parle et ne se donne pas la peine d'écouter son interlocuteur.

Une vraie conversation avec Dieu transcende ces deux faiblesses car elle est basée sur la parole et l'écoute : Dieu nous parle et nous répondons, puis une autre parole et une autre réponse. Cela marche aussi dans le sens inverse : nous posons en premier notre pensée, puis Dieu répond, tel un ami à son ami intime. Ne me posez pas la question de savoir si cela est possible sans avoir lu la troisième catégorie.

La troisième catégorie des gens, et la dernière enfin, est celle de vrais conversateurs avec Dieu (qualifiés dans le domaine de la communication de bons interlocuteurs, des dialogueurs attentifs, des interlocuteurs avisés ou encore d'échangeurs éclairés).

Ceux-ci ont dépassé les deux premiers niveaux. Pour eux, Dieu n'est pas un compte de fait, ni un être assis seulement loin dans les cieux en train de nous observer, mais plutôt un ami intime qui est à tout le temps et en toutes circonstances à nos côtés, un ami à qui on peut ou on doit régulièrement parler et dont on ne peut se passer de sa présence, de ses orientations ni ignorer ses réponses. Pour les vrais conversateurs avec Dieu (ces dialogueurs attentifs), Dieu est un réel ami à qui on peut raconter ses peines, ses joies, ses projets, ses inquiétudes, ses souhaits, ses besoins d'aide (l'appeler en rescousse, tout en gardant l'ultime conviction, dans la confiance qu'il peut et va apporter la solution, qu'il viendra au secours, même à un moment où l'on se sent dépassé ou en difficulté), ses réussites et ses échecs ; tout simplement, tout ce qu'on peut dire à un ami intime.

Non seulement ils lui parlent ainsi et directement, en n'importe quel style de communication, mais aussi, savent écouter ce que Dieu dit.

Pour être précis : ils entendent réellement sa voix qui leur parle et savent reconnaitre qu'il s'agit bien de lui qui leur parle, soit par sa parole, la conscience, le songe, une vision, un proche, un autre ami, un événement ou un fait, ou même directement par une voix humaine (par n'importe laquelle des voies citées dans Job 33 ;14-15).

Ceux-ci, il leur arrive de fois de poser une question, et d'entendre directement sa réponse, il leur arrive même de tenir une conversation avec Dieu. Non pas qu'ils se font des illusions, mais c'est réel, ils n'inventent rien, mais trouvent la réponse exacte à la question ou à la circonstance bien déterminé. Ils ont atteint un niveau supérieur dans la conversation réelle avec Dieu, mais, pour y arriver, ils sont passé par un processus, commençant par « Savoir écouter Dieu ». Personnellement, j'y travaille avec mon ami Dieu depuis quelques années, et chaque jour je découvre une chose : Dieu reste un mystère, mais qui se révèle à nous chaque jours dans l'intimité passé avec lui.

Bien sûr, je n'ai pas atteint la perfection de cette relation, la course est encore longue, mais avec Lui, j'y travaille encore.

Il y a une grande différence entre entendre, écouter et comprendre. J'entends tout ce qui frappe à mes oreilles, j'écoute quand je prête mon attention à une voix pour entendre ce qu'il dit et comprendre ce qu'il veut dire. Enfin, je comprends quand j'ai saisi le message qui a été transmis et l'ai clairement dans mon esprit.

Si nous pouvons nous perdre un peu dans la morphologie, disons qu'*entendre*, c'est *la capacité physique de percevoir des sons*. On entend des bruits autour de nous, que l'on soit attentif ou non. Cela ne nécessite pas d'effort conscient. Par contre, *écouter*, c'est aller au-delà de l'entente. Écouter va impliquer *une attention active et volontaire* à ce qui est dit. Cela est un processus où l'on se concentre sur les mots, le ton et les émotions de l'autre personne. Ainsi donc, écouter demande un effort pour vraiment capter le message. D'un niveau plus profond que ces deux, est la notion de "*Comprendre*". Comprendre signifie *saisir le sens des mots et des idées exprimées.* Cela inclut *la capacité à interpréter les informations, à faire des liens et à en tirer des conclusions.* La compréhension *nécessite souvent une réflexion sur ce qui a été écouté.*

En effet, les trois étapes ci-haut sont très essentielles pour une communication efficace, y compris la conversation avec Dieu. Entendre sera la première étape, écouter, la seconde et aussi crucial pour bien saisir le message, mais comprendre est ce qui va permettre d'agir ou de répondre de manière appropriée.

C'est, en effet, grâce à ce qu'on a compris qu'on peut répondre à une parole ou une action.

Dieu n'a aucun problème à ce sujet. Lui, il nous comprend plus que nous-même, d'ailleurs, il nous connaît plus que nous même et ce, depuis toujours (Jérémie 1,5). Le problème est de notre côté : *nous ne savons pas écouter Dieu.*

Tantôt aussi, nous manquons de sagesse, sans chercher à comprendre son message, nous précipitons à pérorer (bavarder).

La première attitude d'une personne qui veut avoir une conversation réelle avec Dieu, c'est de *savoir d'abord écouter*.

Ecouter Dieu implique aussi que l'on reste ouvert à sa parole, la laisser entrer en nous et s'appliquer réellement à notre vie car Jésus est, non seulement Parole, il est aussi Vie. Nous devons vivre Jésus, *notre vie doit être une réponse à sa parole*, elle doit être en harmonie avec la parole de Dieu : *voilà la première forme de réponse ou une première façon d'écouter Dieu*. S'il faut reformuler : *Ecouter Dieu, c'est laisser d'abord laisser sa parole impacter notre vie* (ce que nous pensons, disons ou faisons doit être en harmonie avec sa Parole, ainsi que le recommande Philippiens 4,9 et Ephésien 4,17-24).

Cela s'appelle, selon moi : *ouvrir la porte de la maison de notre vie à Jésus pour qu'il entre et tienne une conversation réelle avec nous.*

La Bible ou Jésus-Christ dit quant à ce : « Voici, je me tiens à la porte, et je frappe. SI quelqu'un entend ma voix et ouvre la porte, j'entrerai chez lui, je souperai avec lui, et lui avec moi » (AP. 3, 20).

Ainsi donc, tu ne peux pas vivre une vie marquée par la conversation réelle avec

Dieu pendant que tu refuses de lui ouvrir la porte de ton cœur pour qu'il vive en toi.

Nous venons de voir dans les lignes qui précèdent que, si quelqu'un a bien écouté, il entendra alors et, puisque son attention était grande, aura l'occasion de comprendre et, s'il n'a pas compris, de poser une question intelligente. Dans le même sens, nous venons de remarquer que quelqu'un qui a bien écouté sais répondre.

Ainsi, *répondre est la deuxième attitude de la personne voulant tenir une conversation réelle avec Dieu*. Et comme il faut déjà comprendre ici : répondre va au-delà du simple fait de dire oui ou non, c'est plus que le fait de parler.

Nous répondons à Dieu quand nous faisons ce qu'il nous dit. C'est là que je parle de « *Vivre une vie de conversation réelle avec Dieu* ». Et Paul d'écrire aux Corinthiens : « C'est vous qui êtes notre lettre, écrite dans nos cœurs, connue et lue de tous les hommes » (2 Cor. 2,3). La lettre est une forme de conversation. Mais la présentation de corinthiens au monde est alors pour Paul ce qu'il faut considérer comme lettre.

Si je dis que répondre est plus que le fait de parler, je vais mettre un accent sur le fait que *répondre à Dieu, c'est d'abord laisser sa parole nous transformer.* Cela s'appelle, selon moi, être sanctifié par la Parole. Paul dit : « parce que tout est sanctifié par la parole de Dieu et par la prière » (1 Tim, 4,5). Jésus lui-même, quand il était un jour ému, priait à Dieu pour nous en ce termes : « Sanctifie-les par ta vérité : ta parole est la vérité » (Jean 17 :17).

La parole nous donne la sanctification lorsqu'elle s'applique réellement sur notre vie et c'est là que nous pouvons nous approcher de Dieu, lui qui est Saint car nous aurons répondu à sa parole qui veut que nous soyons saints comme il l'est lui-même (1 Pierre 1,15).

Voilà la première forme de réponse à Dieu.

La seconde forme de réponse à Dieu est alors la réponse verbale : la parole.

Puisque nous avons accepté d'ouvrir notre porte à Dieu, puisque Jésus, parole sanctificatrice de Dieu est entré en nous, puisque nous vivons en harmonie avec Dieu et sa parole, nous pouvons alors librement, sans complaisance ni sentiment de rejet parler avec Dieu.

Remarquez que je viens d'utiliser le mot *parler avec Dieu* et non *parler à Dieu*.

Ce qu'il faut comprendre en cela est que converser réellement avec Dieu, ce n'est pas parler à Dieu, mais parler avec Dieu. Entre nous et Dieu, quelqu'un parle en premier, pendant ce temps l'autre écoute, puis son interlocuteur lui répond et la conversation continue.

Déjà, une erreur est à éviter : il ne faut pas obliger Dieu à répondre. Notre Dieu ne ressemble pas au baal dont les sacrificateurs, en face d'Elie et de tout le peuple, devaient se couper en vain pour chercher sa réponse (1 Rois 18,1-40) ;

L'Eternel Dieu répond toujours en son temps (Ecclésiaste 3,11).

Malheureusement, il peut arriver qu'il décide tout simplement de ne pas répondre directement, il faut prendre ce silence aussi comme une réponse et demander sagesse de comprendre ce qu'il veut dire par ce silence. Ainsi, « *Aucune réponse est une réponse* ».

Néanmoins, dans une conversation réelle et normale avec Dieu, il y a intervention de deux parties comme déjà vu.

La personne qui a atteint ce niveau comprend alors qu'il doit encore plus apprendre et que chaque jour de sa vie est spécial avec son ami, son grand ami Dieu.

Il comprend qu'il doit encore cultiver plus cette relation au travers la prise de temps d'intimité avec Dieu.

Celui-ci sait se confier à Dieu. Non seulement il le sait, mais aussi le fait, aime associer Dieu à chaque chose de sa vie, il ne peut, sauf erreur, prendre une grande décision sans au préalable écouter l'avis de Dieu, son ami intime de la vie. Tout simplement, il ne peut ou ne se sent capable de vivre sans parler avec Dieu.

Sa vie est caractérisée par deux choses essentielles, en plus de tout le reste : prier et lire la Parole.

Sa prière n'est pas une monotonie faite dans un lieu seulement, mais partout et en tout il prie, se surprend à sourire avec Dieu, de fois, verse avec lui quelques larmes de joie ou de compassion selon le cas, voire même, se sent ému dans la présence de Dieu et quitte le niveau charnel pour un niveau supérieur où il ne contrôle plus rien mais se sent embrasé comme par un feu d'amour l'amenant à aimer profondément Dieu ainsi que toute sa création, ne sais plus haïr, sais corriger le mal et défendre le bien, se sent confiant et trouve en Dieu l'accomplissement parfait de son être entier.

Dans ses prières, il sent Dieu, il peut facilement remarquer la manifestation de sa présence dans les petites choses qui l'entoure et dans les grandes réalisations qu'il fait en sa faveur ou d'autres êtres.

Sa notion de prière est plus développée. En effet, la prière n'est pas pour lui un mode de demander à Dieu, mais sais du fond de son cœur que *la prière est une conversation avec Dieu*. Et vit cette conversation réellement.

Pour lui, la Bible n'est pas un simple livre, c'est une lettre écrite de la main de

Dieu pour lui. Il a le temps, non seulement de la lire, mais plus encore passe plus de temps à y méditer. Il vit de cette parole ; au point que même sa manière de parler le trahi et laisse facilement découvrir qu'il connaît la parole de Dieu. Sa vie trouve en la parole biblique les bases sur lesquels il fonde son caractère de vie.

Chaque fois qu'il lut la parole, un enseignement lui est dispensé grâce à l'Esprit de connaissance, le Saint-Esprit qui habite en lui.

Cette personne donne plus de valeur à la Bible et à la prière. Pour lui, ces deux derniers sont des éléments de compagnie et parler avec Dieu est essentiel et il voit le résultat.

Dans la conversation avec Dieu, il est aussi à reconnaître malheureusement que, comme dans toute conversation, il arrive qu'il y ait de temps mort.

Pour ce cas, il peut s'agir d'une perte de courage à la lecture de la parole et à la vie de prière ; ou passer dans ce que j'appelle « *la vallée de questionnement* », où tu ne sais plus en quoi croire ou dans laquelle ta foi est toute entière comme anéantie, au point qu'à chaque lecture ou enseignement biblique, des questions naissent en toi ; à chaque réponse, des multiples autres interrogations en sortent et tu te trouves dans le bourbier du désespoir au point que Dieu semble t'avoir abandonné.

J'y suis aussi passé, plus d'une fois et, croyez-moi, déjà pour la première fois, il n'était pas facile, durant presque plus de deux semaines de m'en sortir et la seconde, tout un mois.

Pour la première, on dirait que tout ce que j'avais enseigné jusque-là me revenait en flèche retour et ma foi était tout simplement bouleversée.

Je connais aussi deux personnes qui y sont passé et leurs vies ont été inspirantes pour moi et pour les *conversateurs* avec Dieu. L'un d'eux est le pasteur Samuel Peterschmitt, de l'église porte ouverte de Mulhouse en France, dont l'église en mars 2020 a été touchée par le Corona virus, plusieurs de ses pairs morts et lui, sauvé par une grâce spéciale. L'autre, c'est Papa Job de la Bible, qui, en une portion de minute, venait de vivre, comme dans une série d'horreur, pas télévisée, mais en live, et venait dans cette petite minute de recevoir une succession de serviteurs qui venaient l'informer la perte de tous ses biens, serviteurs et fils, suivra la destruction de son corps par les ulcères à tous les niveaux, et qui ne comprenait plus pourquoi cela alors qu'il est juste devant Dieu, et Dieu lui-même rendu témoigne.

Ce qui me touchera de ces deux personnes est que, pour le pasteur Samuel Peterschmitt d'abord, pendant qu'il traversait cette période, sa vision de la foi et des engagements avec Dieu va changer, il va être comme un homme nouveau, et, pendant que les angoisses se font sentir, il dira dans sa prédication du 09 Aout 2020 : « *je me sens comme si je suis porté* » ; il sent la manifestation de Dieu durant la période où les faiblesses tentent de s'exposer.

Quant à papa Job, il trouve encore force de louer Dieu, et nous pouvons facilement lire dans la Bible : « *en tout cela Job ne pécha point par ses lèvres* » (Job 2,10).

Je ne saurais me situer dans au milieu de ces deux, car mon niveau est encore trop bas. La seule chose que je sais est que j'ai encore découvert des nouvelles horizons en Dieu et ai compris qu'il faut que je lui demande de se révéler encore plus à moi, car le plus que je croyais connaître sur lui est infiniment vide. J'aimerais à présent qu'il se révèle à moi dans un sens supérieur, mais qui répond à la logique et non abstraitement, de sorte que je puisse réussir à faire le point entre les recommandations de la foi en Dieu et les prétentions de la science. En tout cas, je crois que moi et mon grand ami Dieu y travaillons encore.

Ainsi donc, dans la vallée de questionnement, il est important de ne pas s'égarer en s'éloignant de Dieu car c'est lui qui est la source de toute connaissance, la solution pour tous nos problèmes et possède la réponse à toutes nos interrogations.

En fait, des grands athées comme Bart Ehrman, Dan Barker, John W. Loftus, Julia Sweeney et Richard Dawkins s'en sont éloignés à cette période et sont partis trouver réponse dans leurs idéologies et philosophies, en créant des mythes.

Le plus important est de chercher des réponses en Dieu lui-même. De même, autant qu'il serait possible, trouver quelqu'un avec qui en parler, que tu estimes doté(e) d'une maturité spirituelle et scientifique utile pour chercher des réponses touchant à la fois à la parole de Dieu en confrontation avec la science.

Le danger est que s'il est seulement spirituel, il va te briser encore plus et te décevoir dans ta recherche, au risque de t'amener à croire que Dieu serait autant décevant que lui. De même, s'il est juste scientifiquement rodé, mais manque de maturité spirituelle en Christ et n'a pas la maîtrise de la parole de Dieu, celui-là peut t'amener tout droit à l'athéisme et, il n'y a pire athée que celui qui a goûté à la bonté de Dieu et a décidé de changer de camp (Hébreux 6,4-6 ; 2 Pierre 2,20-22).

Il faut donc demander à Dieu de te conduire à la personne qu'il faut pour trouver les bonnes réponses, à qui il faut aussi parler avec précision et confiance.

Personnellement, j'ai goûté aux mets du seulement spirituel, et j'en ai vécu l'effet ; j'ai ensuite eu plusieurs solutions dont certains ne m'ont pas trop aidé à trouver solution. La cause en est que, non seulement ma question n'était de fois pas claire, mais aussi je n'étais pas ouvert à la réponse, qui pourtant correspondait à la bonne question. Pour dire vrai, j'avais déjà des réponses préconçues, mais que je n'arrivais plus à adapter aux faits que je traversais.

Ce fut le cas avec la réponse que m'a donné le pasteur Michaël Lebeau du Canada, à qui j'ai demandé via Facebook si Dieu pouvait recommander à une personne de faire une prière de jeûne pour avoir des réponses à une question donnée et que Dieu puisse se taire totalement pendant cette prière, sans aucune réponse ni signe et, quel message devrait-on en tirer. La réponse du pasteur Michaël Lebeau avait été simple : « *Dieu est votre force, et tout est possible avec lui* ».

J'ai aussi fait plusieurs entretien avec mon pasteur, responsable de notre ministère de l'école du dimanche, que le Seigneur a élevé aujourd'hui comme Pasteur responsable de cette église que je fréquentais à Goma (RDC). Certes, il me donnait des réponses qui devaient, si j'étais ouvert, me permettre de bien voir la réponse divine, mais, au lieu de cela, des questions ne cessaient de se multiplier en moi à chaque réponse.

C'est après une conversation avec une autre monitrice de l'école du dimanche, avec qui nous avions fait la formation que j'ai pris la décision d'ouvrir le cœur, grâce à un mot de la formation qu'elle me rappelait : « *rester positif* » peu importe les circonstances.

Alors, j'ai eu par la suite un entretien avec un autre pasteur-évangéliste, qui m'a alors répondu ouvertement car je posais des questions clairs et les réponses, accompagnées de la décision de rester positif chaque jour ont alors créé un changement radical en moi, gloire à Dieu j'ai trouvé encore force d'être rassuré par Dieu.

Ce qui est plus important dans ce parcours que j'ai fait dans la *vallée du doute*, à part au début où j'ai posé le problème du doute à quelqu'un qui n'était que juste limité au spirituel chez nous, les personnes que je choisissais répondaient aux deux critères. Bien que certaines réponses ne m'aient pas rassuré dans l'immédiat, mais avec le temps Dieu les a utilisées pour apporter ledit changement radical et, j'en suis sorti avec un nouveau degré de connaissance de Dieu et de foi.

Le fait est que traverser la vallée de questionnement peut aussi être un temps où Dieu veut se révéler dans une autre dimension à toi ; il veut te permettre de grandir dans la foi, voire même, te donner force et expérience pour aider les autres qui y passeront dans le futur.

Je crois qu'il a été le cas pour moi, bien que je n'aie pu comprendre la mission à laquelle j'étais préparé que quand j'ai dû rencontrer des personnes traversant aussi ladite vallée.

L'important est de maintenir le cap, ne pas dérailler ni se laisser tromper par la ruse du diable car il est le père de doutes, depuis le champ d'Eden face à Eve, à qui il posa des questions créant le doute comme : « *Dieu a-t-il réellement dit ?* ». Nous pouvons remarquer que les conséquences d'abandonner le cap ont été plus grave pour nos deux premiers parents (Genèse chapitre 3). Il ne faut tout simplement pas accepter d'écouter le diable quand il veut créer en vous les doutes, il faut juste faire confiance à Dieu car il a les réponses qu'il faut et, en devenant vainqueur dans *les épreuves de la vallée de questionnement* du fait de lui avoir fait confiance, vous allez traverser de l'autre côté, *à la montagne de la connaissance*, et pouvoir alors être un instrument utile pour aider les autres.

Quant à la première question, celle de la perte du courage dans la conversation avec Dieu, il est vrai qu'il arrive qu'une personne soit lassée, qu'elle ait besoin de faire une pause ou ne veut plus parler avec un ami, il veut le voir distant.

Notre analyse en cela est qu'une telle l'attitude est juste la manifestions de la diminution de l'intimité entre ladite personne et son ami intime. C'est logique en toute amitié : un ami par qui on a été trahi ou pensons avoir été trahi par lui ou encore, à l'inverse, que l'on a déçu ou offensé, on ne veut plus être en sa présence, lui parler ni l''écouter.

Il en est ainsi aussi dans la relation avec Dieu et, cela influence notre conversation réelle avec lui.

Seulement, Dieu lui, il ne peut pas nous trahir car il n'est pas capable de le faire : c'est nous qui pouvons l'offenser et nous retrouver en situation de culpabilité.

La vérité est que, comme pour son meilleur ami, on aime lui parler à tout moment, de même, dans notre relation avec Dieu, quand elle est de grande intimité, le cœur sera toujours poussé à parler à Dieu. Le contraire se manifestera quand notre relation est brisée par le péché.

J'ai, en effet, aussi vécu les deux périodes et continue de le vivre dans mon quotidien.

Un enseignement que j'ai tiré de tout cela et publié sur ma page Facebook pourrait être utile ici. J'ai en effet trouvé des *thermomètres* pour ma vie. J'écris :

« Chaque jour de ma vie est spéciale avec mon grand ami, Jésus-Christ, le Sauveur des Nations !

Malheureusement, je découvre avec tristesse que chaque fois que le poids du péché asservit mon âme, ou que l'envie de commettre du péché est invincible dans mon esprit, ou encore que les mauvaises pensées ne me quittent, là je découvre, disais-je, que j'ai fait un pas en arrière et laissé le Seigneur aller tout seul pour suivre le chemin de la perdition.

Les sentiments pécheresses sont alors devenus pour moi un thermomètre pour détecter les signes de la présence d'une maladie de l'âme et reculer encore au pied de la croix pour chercher, en prière, la face de mon Dieu et lui confesser tous mes péchés : cela me donne encore une joie profonde dans le corps, l'âme et l'esprit. Tout est alors réussite pour moi quand je suis sous cette joie parfaite.

Je découvre alors avec allégresse que la présence de la joie de Dieu dans ma vie ou/et dans mon âme et l'envie chaque instant d'être en présence de Dieu pour prier, adorer et se sanctifier sont une expression vivante d'une bonne relation avec mon créateur.

La présence de la joie de Dieu dans ma vie et l'envie de prier et m'approcher de lui et lui parler sont donc des thermomètres pour mesurer la grandeur de ma relation profonde avec Dieu ».

L'intensité de ta conversation avec Dieu dépendra de la relation que tu entretiendras avec lui.

Tu peux décider de l'ignorer quand il te parle, pour moi, tu es un sourd-muet dans la conversation réelle avec Dieu.

Tu peux encore décider de ne pas l'ignorer, mais trop parler sans l'écouter, tu ne seras pas différent du premier. Tu prieras, mais tu vas rater les réponses de Dieu car tu n'es pas un conversateur réel avec Dieu, mais chrétien bavards, mendiants et sourds dans la conversation avec Dieu.

Mais, la bonne conversation sera basée sur le feed-back. Même avec Dieu, c'est le cas.

Dieu parle, mais, combien l'écoutent ? Pas assez vraiment !

Pour avoir une conversation réelle avec Dieu, il faut d'abord avoir une vie ouverte à sa parole, qu'elle soit d'application concrète. C'est là que Dieu, trois fois Saint, peut nous parler.

Si certains se demandent s'il est vraiment possible de parler avec Dieu, d'autres comme moi répondent avec assurance qu'il n'est pas seulement possible, mais réel, concret et vrai que Dieu nous parle jusqu'à ce jour et nous lui répondons, aussi bien verbalement, dans nos pensées que dans notre manière de vivre quotidiennement.

Arrêtons alors de parler à Dieu, parlons avec Dieu, ayons une conversation réelle avec Lui.

Mais, *y arriver est un processus, commençant par ouvrir son cœur, cheminant par la recherche régulièrement de l'intimité avec lui.*

En fait, c'est dans la culture de la prise de temps d'intimité avec Dieu que se développe une relation intime avec Lui et nous amène à vivre ces genres de conversations. C'est dans le secret que se fortifie le soldat de la lumière. C'est possible pour nous aussi d'avoir des conversations avec Dieu :

Chaque jour, tenons chacun une « conversation réelle avec son créateur » !

Soyez bénis !

Buy your books fast and straightforward online - at one of world's fastest growing online book stores! Environmentally sound due to Print-on-Demand technologies.

Buy your books online at
www.morebooks.shop

Achetez vos livres en ligne, vite et bien, sur l'une des librairies en ligne les plus performantes au monde!
En protégeant nos ressources et notre environnement grâce à l'impression à la demande.

La librairie en ligne pour acheter plus vite
www.morebooks.shop

FSC
www.fsc.org
®
MIX
Papier aus verantwortungsvollen Quellen
Paper from responsible sources
FSC® C105338